훈민정음 창제원리에 의한

10일 한글 놀이마당

글·그림 홍 솔

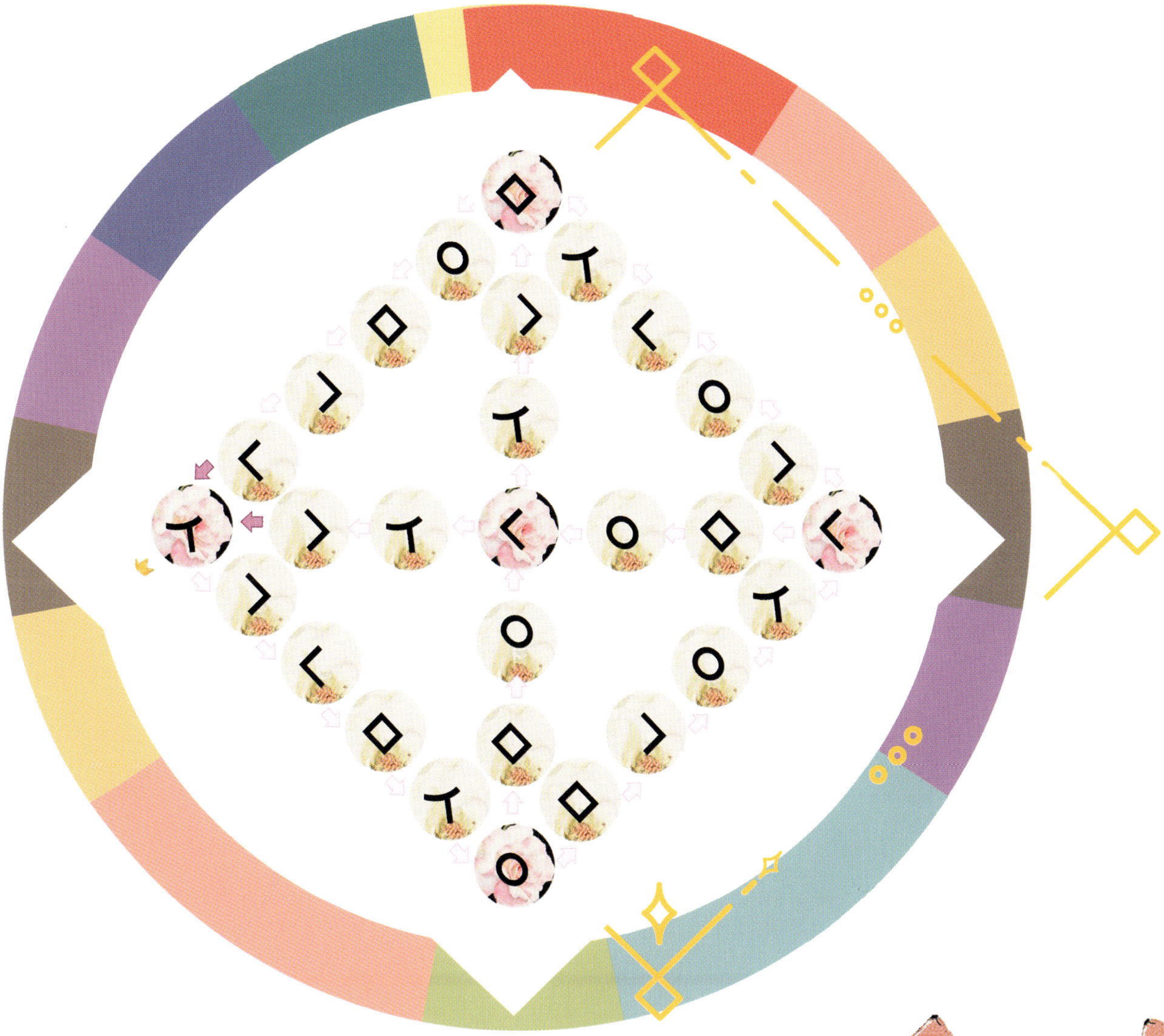

NAMU GAJI
나무와가지

순 서 및 확 인

단 계	쪽 수	월 일	확 인
놀이방법	3		
1 - 기본자음	4 - 5		
2 - 기본모음	6 - 7		
3 - 기본글자	8 - 9		
4 - 가획원리	10 - 11		
5 - 받침없는 글자	12 - 13		
6 - 된소리, 재출자	14 - 15		
7 - 받침	16 - 17		
8 - 받침있는 글자	18 - 19		
9 - 복잡한 모음	20 - 21		
10 - 만들어 놀아요	22 - 23		
훈민정음 창제원리	24 - 27		

- 놀이 방법

<윷놀이>

🯅 윷 1개가 뒤집어지면(도) 1칸을 가며 적힌 글자를 읽고, 2개가 뒤집어지면(개) 2칸, 3개가 뒤집어지면(걸) 3칸, 4개가 뒤집어지면(윷) 4칸, 4개가 엎어지면(모) 5칸을 가며 윷판에 적힌 글자를 읽는다.

🯅 윷을 던질 때 윷, 모가 나오면 한번 더 던진다.

🯅 윷말을 2개 이상 사용할 때 윷말이 같은 칸에 모이면 업고 말을 한꺼번에 같이 이동할 수 있다.

🯅 다른 편의 말이 있는 칸에 내 말이 그 칸에 닿았을 경우 다른 편은 윷판에서 나가 처음부터 다시 시작해야 한다. 다른 편 말을 잡은 나는 한 번 더 윷을 던진다.

🯅 👑에서 시작하여 1바퀴 돌아 👑으로 먼저 돌아오는 편이 이긴다.

<가위바위보 놀이>

🯅 가위바위보 놀이로 말을 갈 경우 가위 2칸, 바위 4칸, 보 5칸을 가며 윷판에 적힌 글자를 읽는다.

🯅 윷말을 2개 이상 사용할 때 윷말이 같은 칸에 모아지면 업고 말을 한꺼번에 같이 이동할 수 있다.

🯅 다른 편의 말이 있는 칸에 내 말이 그 칸에 닿았을 경우 다른편은 윷판에서 나가 처음부터 다시 시작해야한다. 다름편 말을 잡은 나는 한번 더 윷을 던진다.

🯅 👑에서 시작하여 1바퀴 돌아 👑으로 먼저 돌아오는 편이 이긴다.

<주사위 놀이>

🯅 주사위를 던져 나온 수만큼 말을 옮기며 윷판에 적힌 글자를 읽는다.

🯅 윷말을 2개 이상 사용할 때 윷말이 같은 칸에 모이면 업고 말을 한꺼번에 같이 이동할 수 있다.

🯅 다른 편의 말이 있는 칸에 내 말이 그 칸에 닿았을 경우 다른 편은 윷판에서 나가 처음부터 다시 시작해야 한다. 다른 편 말을 잡은 나는 한 번 더 윷을 던진다.

🯅 👑에서 시작하여 1바퀴 돌아 👑으로 먼저 돌아오는 편이 이긴다.

1 👑 기본 자음 (ㄱ ㄴ ㅁ ㅅ ㅇ)

읽기

ㄱ	그	ㄴ	느
ㅁ	므	ㅅ	스
ㅇ	으		

2. 기본 모음 (ㅡ ㅣ ㅗ ㅏ ㅜ ㅓ)

  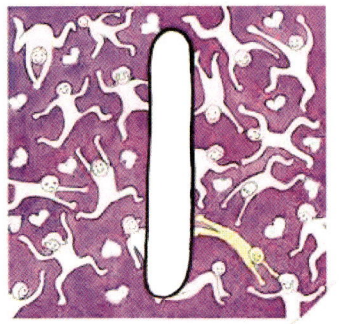

 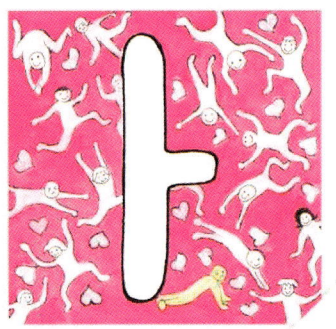

 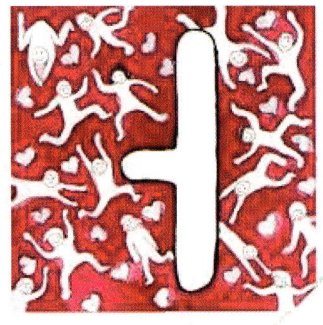

읽 기

ㅡ	으	ㅣ	이
ㅗ	오	ㅏ	아
ㅜ	우	ㅓ	어

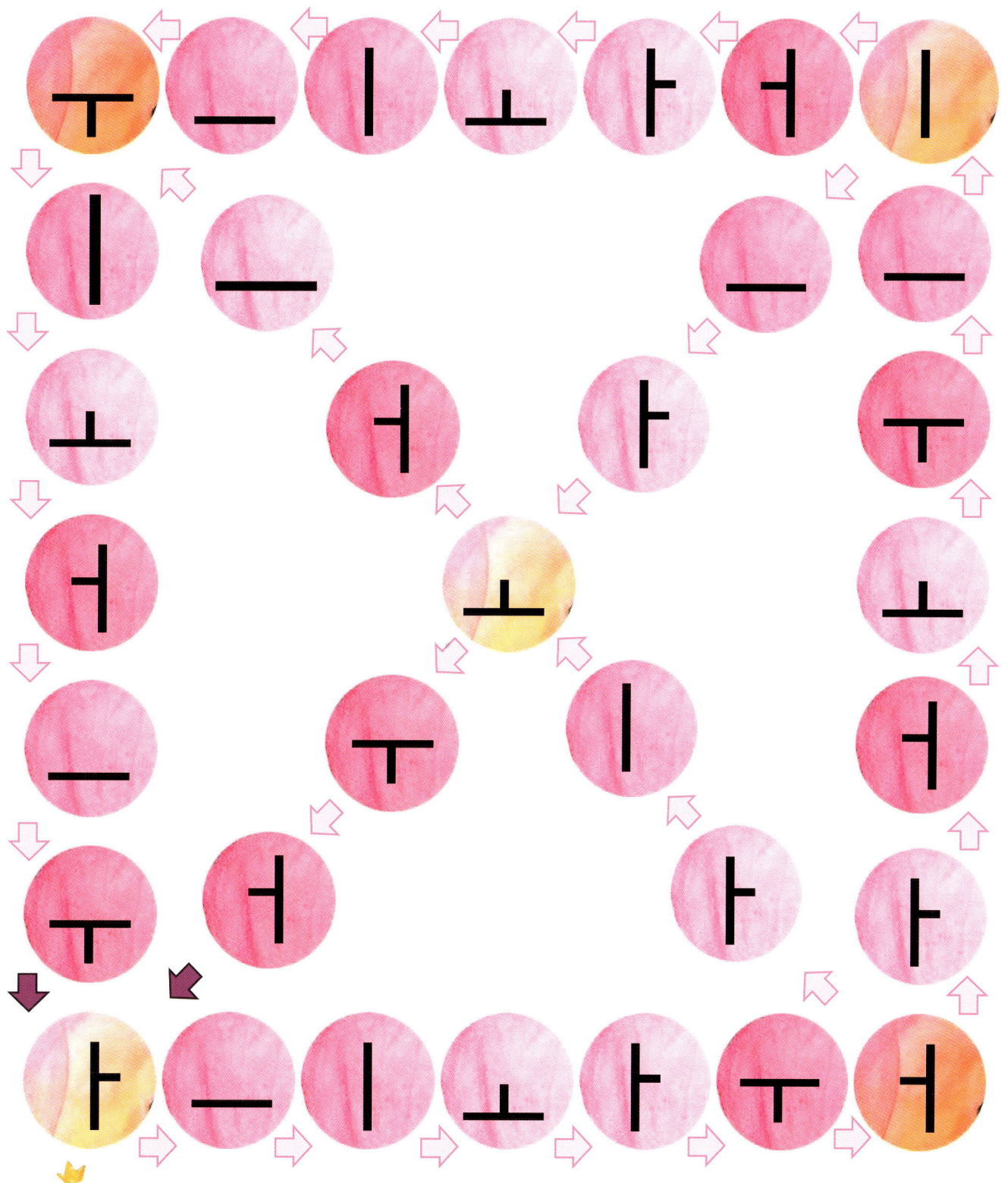

3 👑 기본 글자

읽 기

그   아   그아   그아   가   가

느   아   느아   느아   나   나

읽 기

스   이   스이   스이   시   시

스   오   스오   스오   소   소

4 👑 가획원리

읽기

	ㄱ	그	ㅋ	크	
ㄴ	느	ㄷ	드	ㅌ	**트**	ㄹ	르
	ㅁ	므	ㅂ	브	ㅍ	**프**
	ㅅ	스	ㅈ	즈	ㅊ	**츠**
	ㅇ	으			ㅎ	**흐**

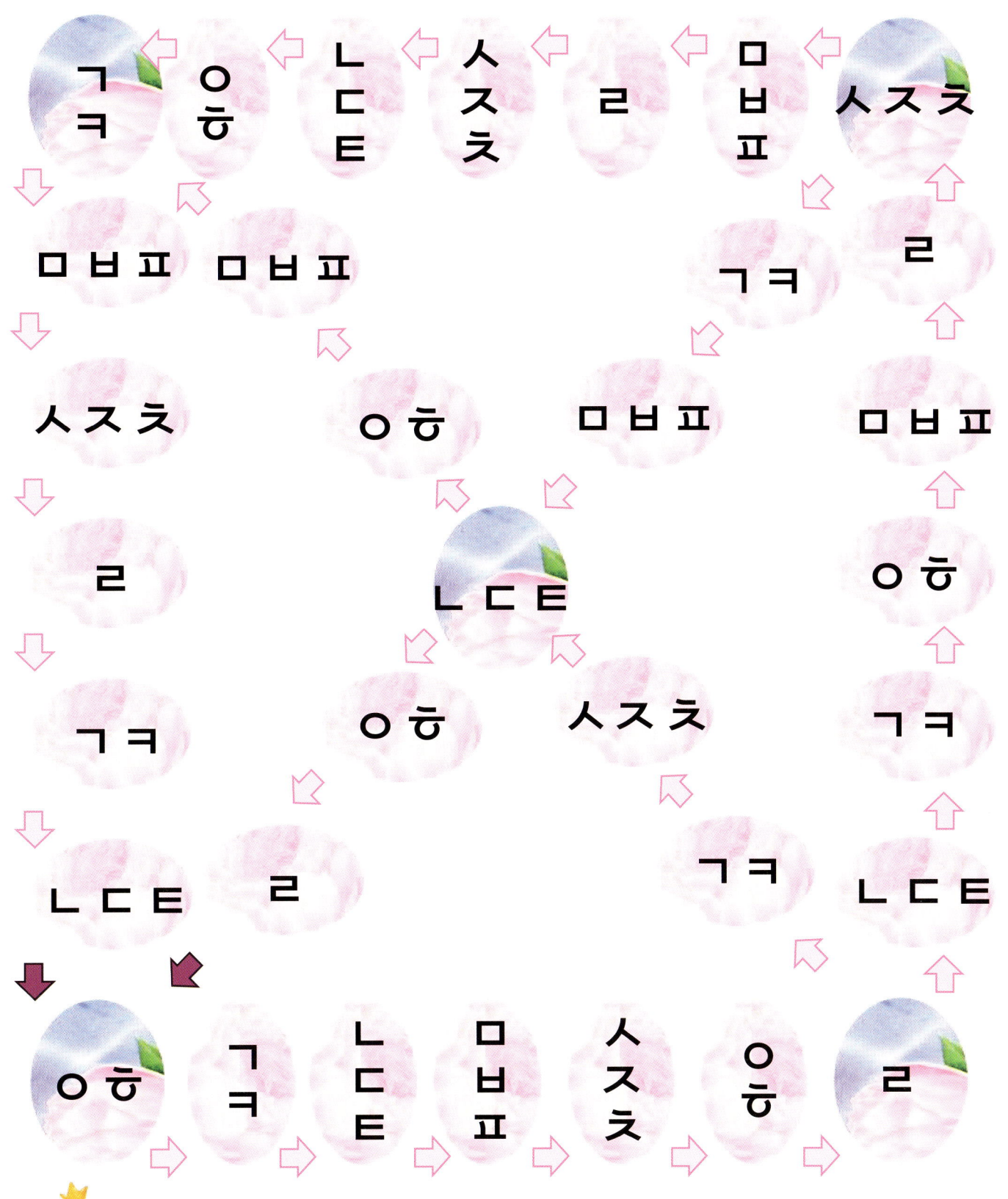

5 👑 받침 없는 글자

읽 기

| 그 | 어 | ㄱ어 | 그어 | 거 | 거 |
| ㅁ | 이 | ㅁ이 | ㅁ이 | 미 | 미 |

커
피

읽 기

| 크 | 어 | ㅋ어 | 크어 | 커 | 커 |
| 프 | 이 | ㅍ이 | ㅍ이 | 피 | 피 |

6 된소리(ㄲㄸㅃㅆㅉ), 재출자(ㅛㅑㅠㅕ)

읽 기

끄　　뜨　　쁘
쓰　　쯔

읽 기

이오　이오　요　요
이아　이아　야　야
이우　이우　유　유
이어　이어　어　여

※ 이중모음임

 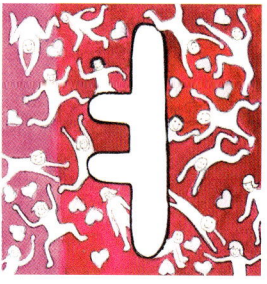

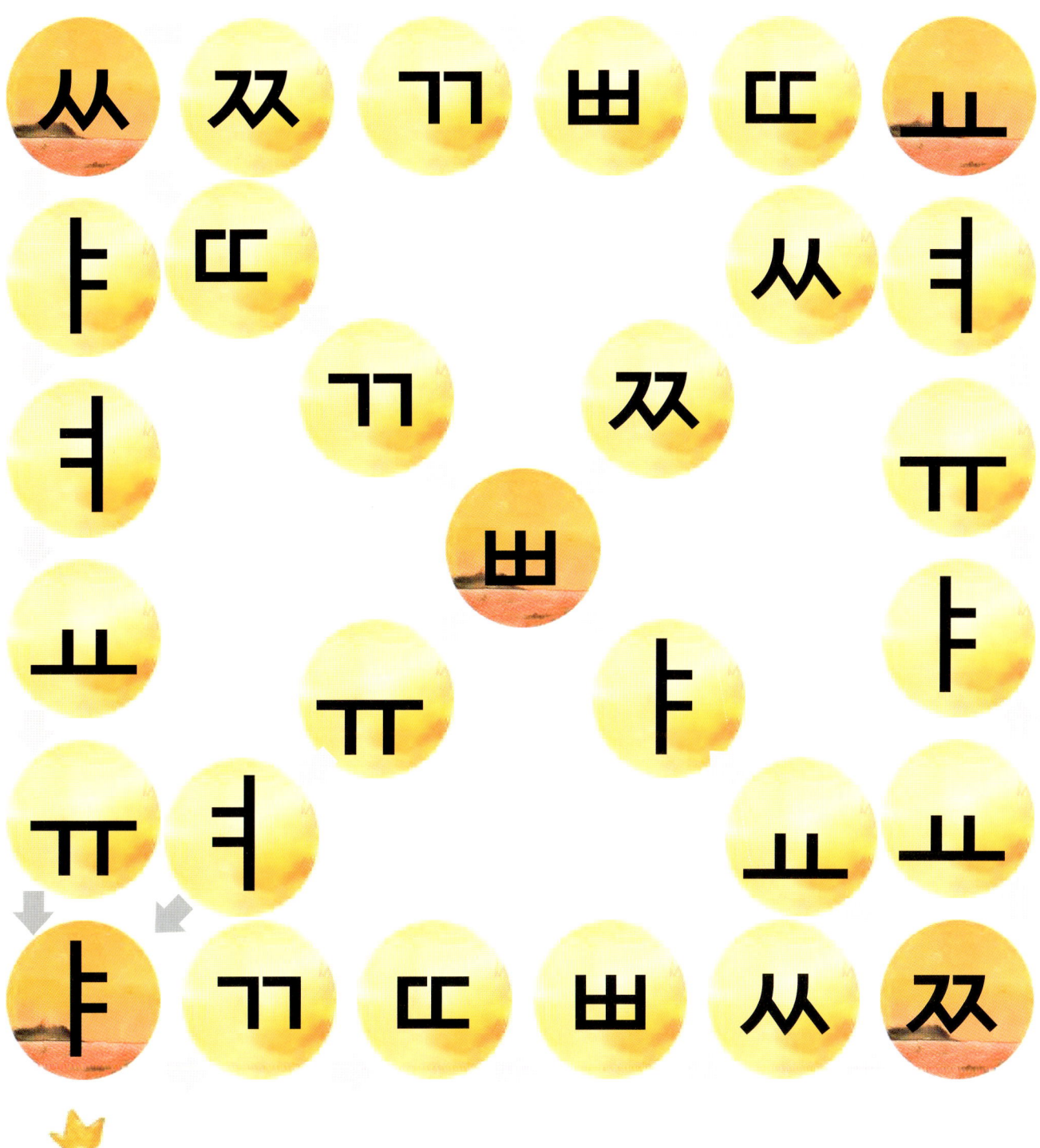

7 받침

받침	읽기
ㄱ	윽
ㄴ	은
ㄷ	읃
ㄹ	을
ㅁ	음
ㅂ	읍
ㅇ	응

으 ☺

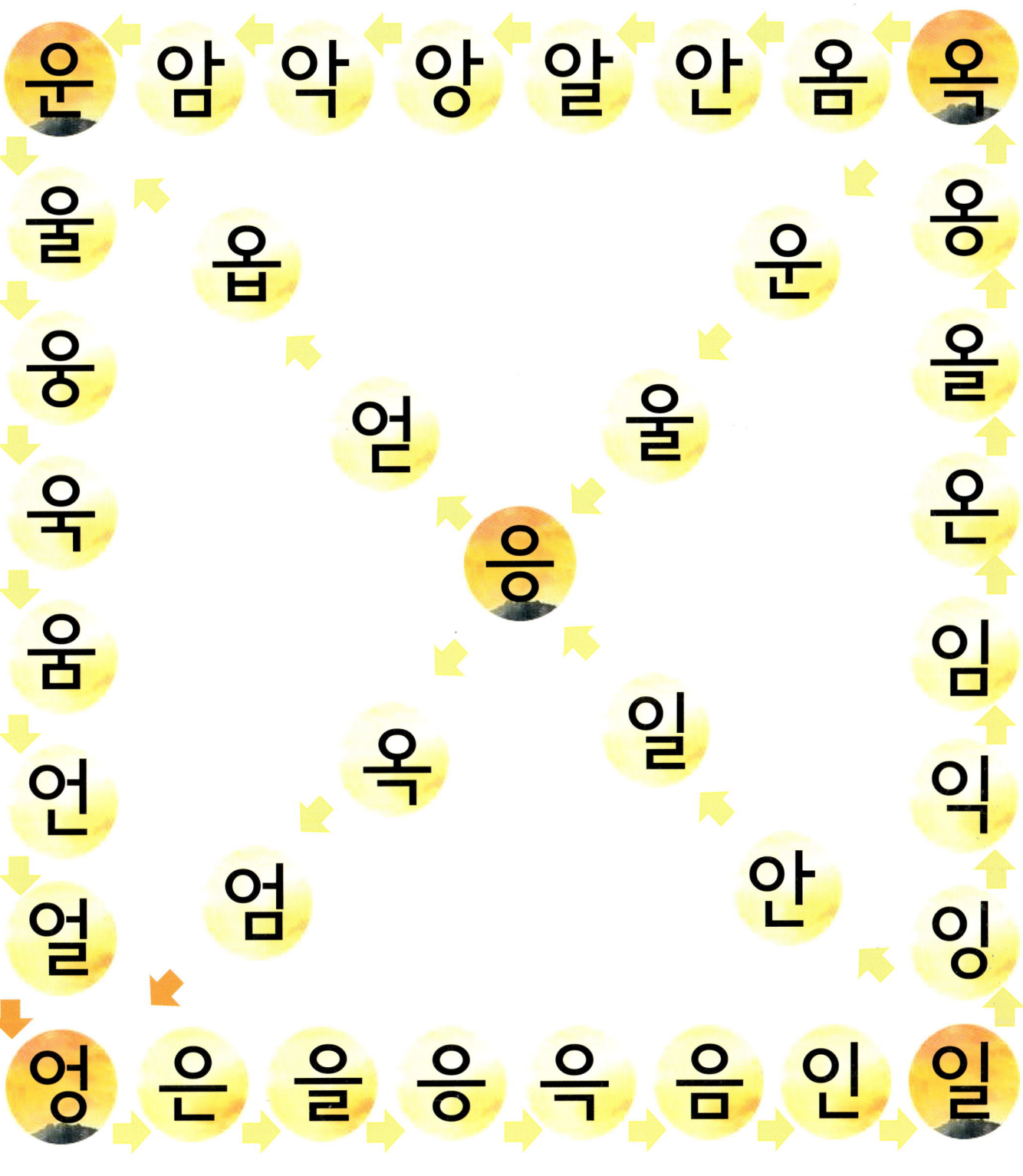

8 👑 받침 있는 글자

모	윽	모윽	모윽	목	**목**
사	은	사은	사은	산	**산**
마	읃	마읃	마읃	맏	**맏**
무	을	무을	무을	물	**물**
기	음	기음	기음	김	**김**
사	읍	사읍	사읍	삽	**삽**
고	응	고응	고응	공	**공**

살 손 곧 밥 섬 복 징 달
동   범   난 잔
식   숩
솜   곡   홀   섬
곱   증   속
뭄   실   승
민   독   간 실
골 간 길 궁 곡 검 굽 산

9 복잡한 모음

 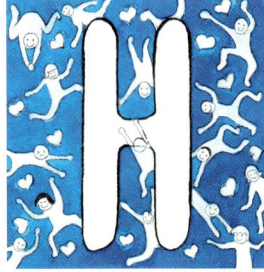  

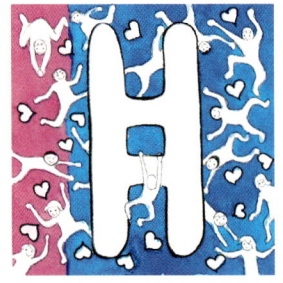 

※ 그림이 하나인 모음은 단모음,
　그림이 둘인 모음은 이중모음임

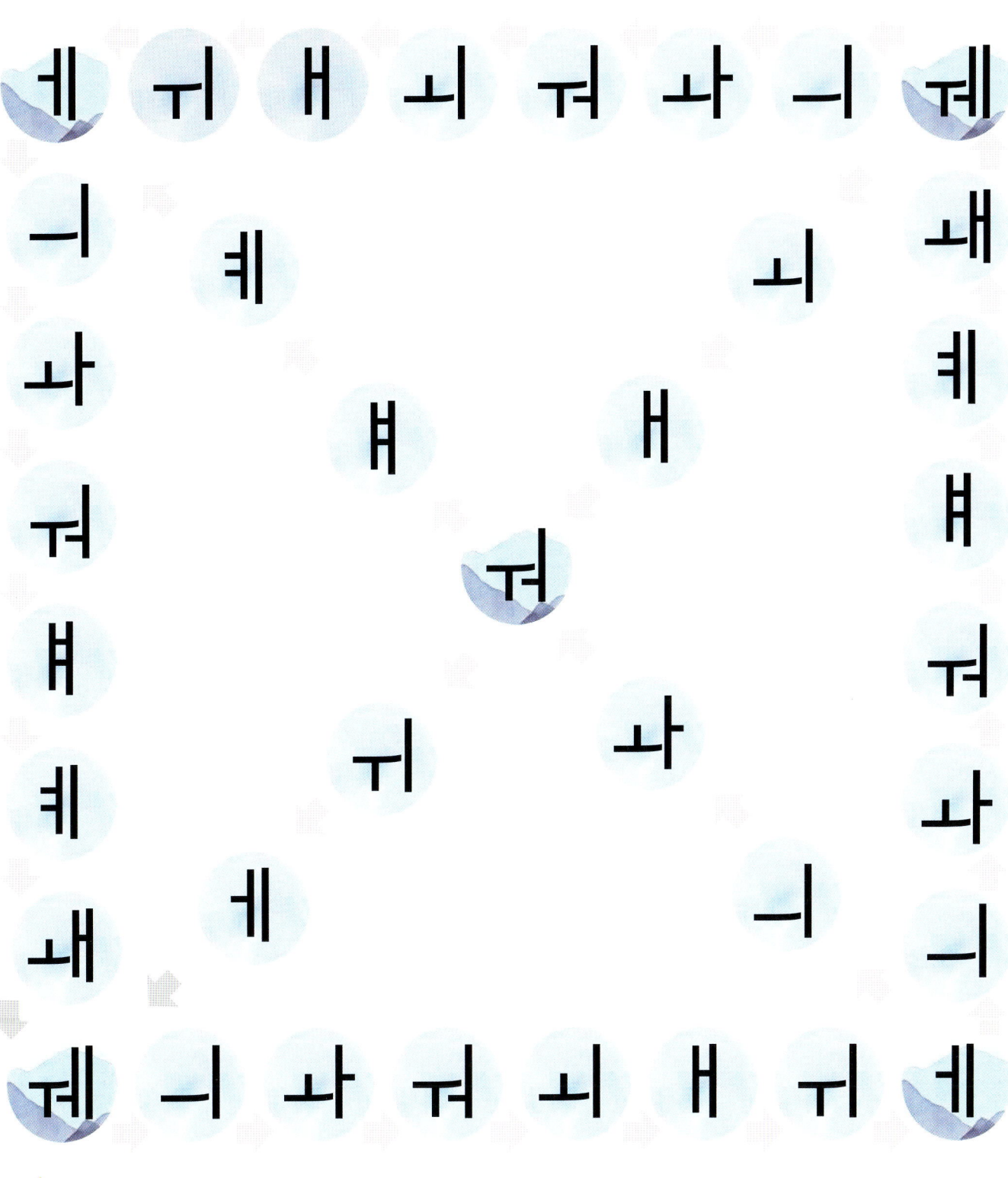

10 👑 만들어 놀아요

< 일러두기 >
 - 자음과 모음

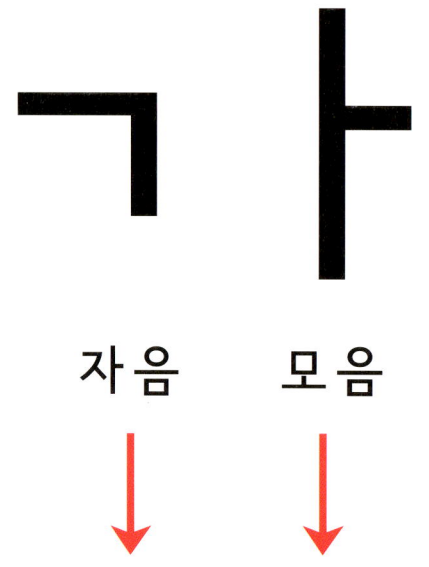

자음　　모음

- 훈민정음 자음

 연하게 처리한 것은 지금은 사용하지 않는 자음입니다.

 훈민정음 자음은 **발음기관의 모양**을 본떠서 **기본 5자** (ㄱ,ㄴ,ㅁ,ㅅ,ㅇ)를 만들고, 소리의 성질에 따라서 획을 더하는 원리로 창제 되었습니다.

- **상형원리** (기본 5자)
  ① 아음 (어금니소리) : ㄱ
  ② 설음 (혓소리)   : ㄴ
  ③ 순음 (입술소리)   : ㅁ
  ④ 치음 (잇소리)   : ㅅ
  ⑤ 후음 (목구멍소리) : ㅇ
     - ㄹ (반설음),   (반치음)

- **가획원리** - 소리의 세기에 따라 획 더하기

  ㄱ ㅋ
  ㄴ ㄷ ㅌ
  ㅁ ㅂ ㅍ
  ㅅ ㅈ ㅊ
  ㅇ ㅎ

     - , ㄹ,   은 기본글자 모양을 달리하는 이체자임.

- 훈민정음 모음

🧍 연하게 처리한 것은 지금은 사용하지 않는 모음입니다.

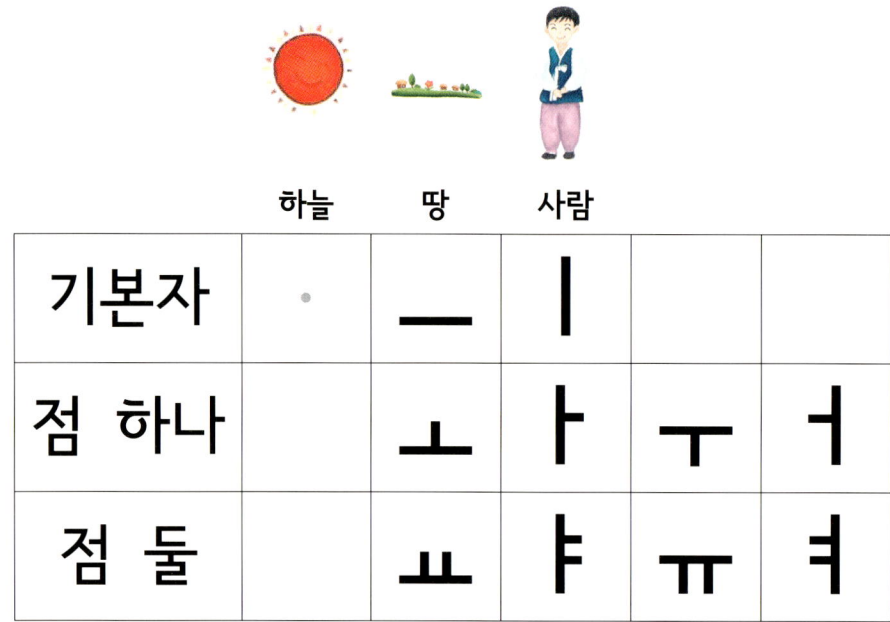

	하늘	땅	사람	
기본자	·	ㅡ	ㅣ	
점 하나		ㅗ ㅏ	ㅜ ㅓ	
점 둘		ㅛ ㅑ	ㅠ ㅕ	

🧍 훈민정음 모음은 하늘 땅 사람을 나타내는 천,지,인 (· , ㅡ, ㅣ)을 기본으로 하여 (ㅡ, ㅣ)에 (·)가 추가되면서 (초출자) 양(ㅗ, ㅏ) 와 음(ㅜ, ㅓ)가 되고 다시 (·)가 한 번 더 추가되어 (재출자) 양(ㅛ, ㅑ)와 음(ㅠ, ㅕ)의 순서로 만들어졌습니다.

정인지 서문

智者不終朝而會 (지자불종조이회)
　슬기로운 사람은 아침을 마치지 않아도 깨우치고
愚者可浹旬而學 (우자가협순이학)
　어리석은 사람이라도 열흘 정도면 배울 수가 있는 것이다

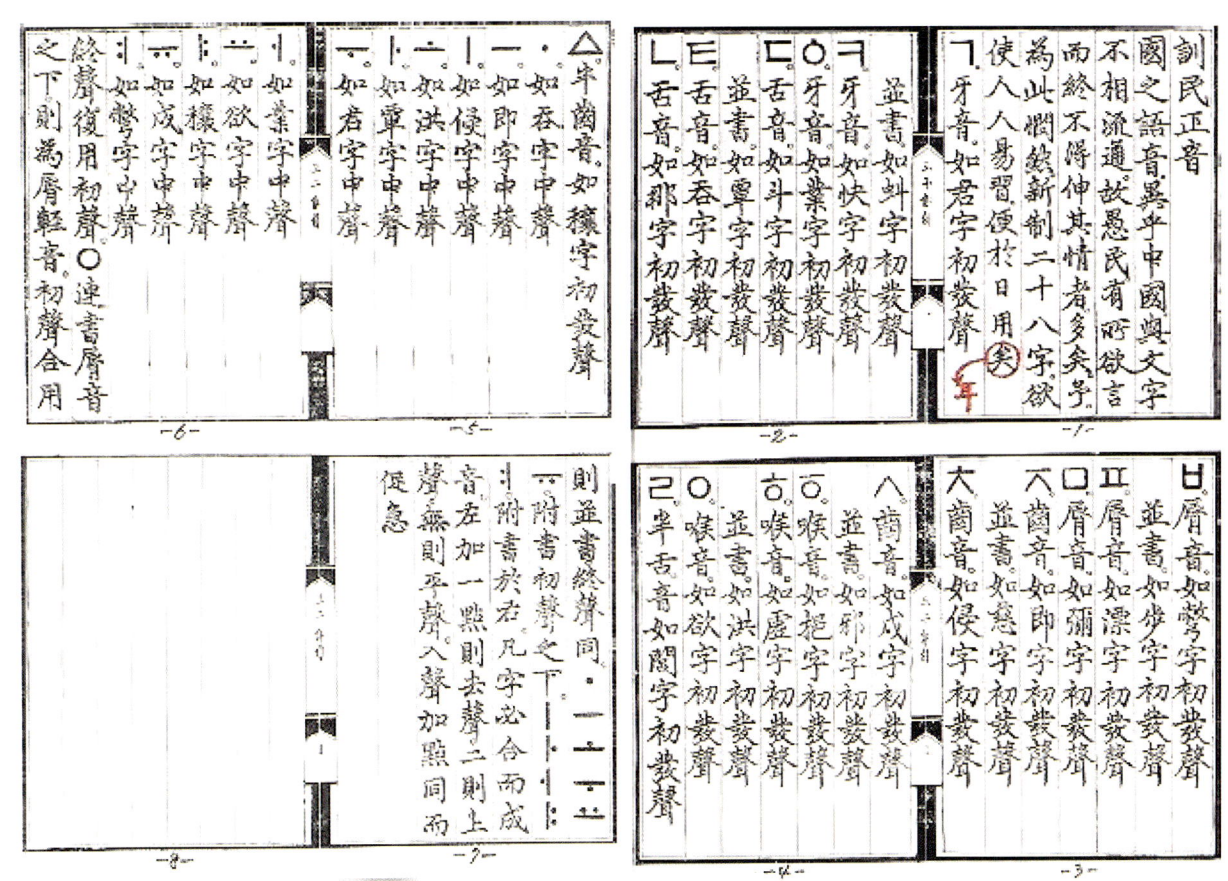

<훈민정음 해례본>

😊 ㆍ, ㆁ, ㆆ, ㅿ
지금은 사용하지 않는 자음과 모음이며 훈민정음 - 28자.
한글 - 24자입니다.

😊 '백성을 가르치는 바른 소리'라는 뜻의 '훈민정음'은 세종대왕이 창제하신 글자의 이름이며 '큰글'이라는 뜻의 '한글'은 주시경 선생님이 1913년에 처음 사용한 이름입니다.

😊 훈민정음과 한글은 순서도 다릅니다.
 현재 우리가 사용하는 자음, 모음의 순서는 세종대왕이 훈민정음을 반포 하시고 80여년이 지난 후 최세진의 <훈몽자회>에서 기본적으로 정해지고 1933년 조선어학회가 제정 공표한 한글맞춤법 통일안에서 정해진 순서입니다.

훈민정음 창제원리에 의한
10일 한글 놀이마당

초판 발행 2018년 5월 1일
지은이 홍 솔
펴낸이 조현주

펴낸곳 나무와가지

출판등록 제 2014-000205호 (2014년 11월 07일)
주소 06782 서울특별시 서초구 논현로 11길 9, 303호(양재동, 드림빌리지)
전화번호 02-2646-9579
팩스 02-583-3108
홈페이지 www.나무와가지.com
전자우편 namu-gaji@hanmail.net

기획, 편집 홍솔
그림지도 서인천 화백 (서인천 화실)
표지 디자인 조윤주 (컴퓨터 그래픽 디자이너)
전산편집 강경환
필름출력 오민수
인쇄 및 제본 서울문화인쇄
ISBN 979-11-954080-8-5 값 10,000 원

* 이 책의 판권은 지은이와 나무와가지 에 있습니다.
* 양측의 서면 동의 없는 무단 전재 및 복제를 금합니다.
* 잘못된 책은 바꿔드립니다
* 주의사항
  날카로운 부분에 손이 베이지 않도록 주의하십시오.